안녕, 나는 서울이야

3판 1쇄 발행 2025년 7월 1일 / **글쓴이** 이나영 / **펴낸곳** 상상력놀이터 / **펴낸이** 이도원 / **교정교열** 김미선 / **일러스트** 박정은, 이나영 / **디자인** 상상력놀이터 디자인팀 / **주소** 경기도 고양시 일산동구 정발산로39 대양빌딩 607호 / **대표전화** 070-8227-4024 / **홈페이지** www.sangsangup.co.kr / **전자우편** contact@sangsangup.co.kr / **등록번호** 제 2015-000056 호 **ISBN** 979-11-88408-14-6

*책값은 표지 뒷면에 있습니다.
*이 책은 상상력놀이터에서 저작권자와의 계약에 따라 발행한 것으로 허락 없이 복제할 수 없습니다.
*파본이나 잘못 인쇄된 책은 구매하신 서점에서 교환해드립니다.

먼저 알고 읽으면 좋아요.

수도
한 나라의 통치기관이 있는 정치적 활동의 중심지를 말해요.

인의예지신
어질 인(仁), 옳을 의(義), 예도 예(禮), 지혜 지(智), 믿을 신(信). 사람이 항상 갖추어야 하는 다섯 가지 도리를 말해요. 어질고, 의롭고, 예의 있고, 지혜로우며, 믿음이 있어야 한다는 뜻이죠.

일제 강점기
우리나라가 일본 제국주의에 의하여 식민통치를 당한 35년간을 말해요.

별궁과 이궁
특별히 따로 지은 궁궐을 별궁이라고 해요. 임금이 궁 밖에서 머물던 곳을 이궁, 별궁이라고 하죠.

군용 물자
전투 식량, 군복, 무기와 같이 군대에 필요한 물품이나 재료 등을 말해요.

보제원

조선시대 동대문 바깥에 있던 보제원은 가난한 사람들을 치료하고 약을 나눠주는 곳이었어요. 관리나 여행자들의 숙소로 활용되기도 했어요.

환승제도

교통수단이나 노선 등을 바꿔서 갈아 타는 것을 말해요. 서울시의 환승 제도는 일정 시간 내에 무료로 다른 교통수단으로 바꿔 탈 수 있어요.

사대부

사(士)는 학자, 대부(大夫)는 관리를 말하는 것으로 학자 출신의 관리란 뜻이에요. 양반과 서민을 나눌때 주로 사용해요.

육조

이조·호조·예조·병조·형조·공조를 말해요. 이조는 관리를 뽑는 인재 관련 부서였고 호조는 세금, 예산 등 돈에 관한 일을 맡아 했어요. 예조는 나라의 행사, 제사, 과거 시험을 진행했고, 병조는 군사를, 형조는 범죄와 법률에 관한 일을 했어요. 공조는 공사나 공업에 관한 일을 했지요.

_____아(야)

이름을 써주세요

안녕, 나는 서울이야.
대한민국을 대표하는 도시이자 수도인 나는 한양이라고 불리기도 했고,
한성, 경성, 위례성 등 다양한 이름으로 불렸어.
지금은 서울이라 부르지.
전통과 미래, 다양한 문화가 함께 숨 쉬는 서울로
여행을 떠나보지 않을래?

서울과 서라벌
서울의 이름은 경주의 옛 이름인 서라벌에서 비롯되었어요.
서울은 왕이 사는 도시를 의미했는데 지금은 수도라는 뜻을 하고 있어요.

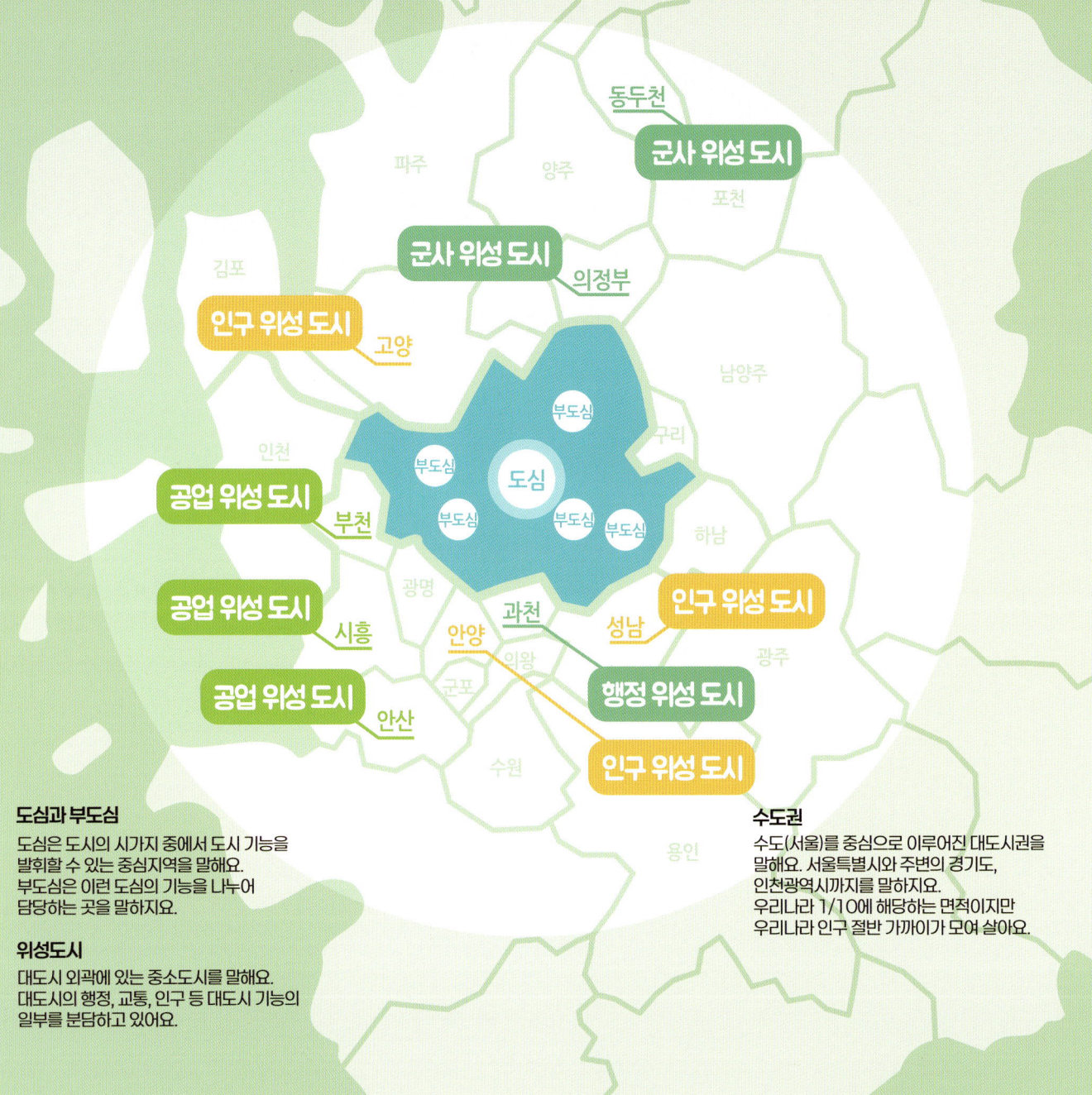

도심과 부도심
도심은 도시의 시가지 중에서 도시 기능을 발휘할 수 있는 중심지역을 말해요.
부도심은 이런 도심의 기능을 나누어 담당하는 곳을 말하지요.

위성도시
대도시 외곽에 있는 중소도시를 말해요. 대도시의 행정, 교통, 인구 등 대도시 기능의 일부를 분담하고 있어요.

수도권
수도(서울)를 중심으로 이루어진 대도시권을 말해요. 서울특별시와 주변의 경기도, 인천광역시까지를 말하지요.
우리나라 1/10에 해당하는 면적이지만 우리나라 인구 절반 가까이가 모여 살아요.

2,000년의 역사를 가지고 있는 나는 천만 인구를 품은 거대한 도시야.
좁은 땅에 엄청난 인구가 살고 있지.
그래서 복잡한 서울을 위해 서울의 일을 돕는 위성도시들이 주변에 있어.
고양, 과천, 부천, 성남, 안산, 인천, 의정부 등이 대표적이야.

그렇다면 서울에는 언제부터 사람이 살기 시작했을까?
그 질문의 답은 암사동 선사유적지를 보면 알 수 있어.
삼국시대 때는 서울이 백제의 땅이었기에 몽촌토성과 풍납토성,
아차산성의 유적이 남아 있지.

그 밖에도 고구려 시대의 유적인 아차산 보루와
신라시대의 유적인 북한산 진흥왕순수비 등
다양한 시대별 유적지를 가지고 있어.

풍납토성과 몽촌토성
삼국시대의 백제 수도였어요. 두 개의 성을 합하여 한성이라고 불렀지요.
풍납토성은 백제의 왕성이었고 몽촌토성은 방어성이었어요.

암사동 선사유적지
기원전 5,000년을 전후한 선사시대 사람살이의 자취로, 우리나라의
대표적인 신석기시대 유적지예요.
가장 대표적인 유물은 빗살무늬토기예요.

조선시대부터 수도가 된 나는 수도로서 600년의 역사를 가지고 있어.
그래서 조선에 대해 알고 오면 나를 둘러보는 재미가 더 커질 거야.

조선시대 때 수도인 서울을 보호하기 위해
긴 성곽을 쌓고 4개의 큰 출입문을 만들었어.
그 사이 작은 문도 만들었지.
이것을 4대문과 4소문이라고 불러.

남대문 (숭례문 : 예(禮)를 숭상하는 문)
국보 제1호이며 현재 서울에 남아 있는 목조 건물 중에 가장 오래되었어요.

서대문 (돈의문 : 의(義)를 돈독히 하는 문)
조선시대 5백년 간 중국과 통하는 관문이었으나 일본이 1915년 도로를 확장한다며 헐어버렸어요.

북대문 (숙정문 : 지(智)를 넣어 '숙지문'이라 하지 않고 청(淸)을 넣어서 '숙청문'이라고 하였다가 이후 '숙정문'이 되었어요.)
동서남북에 하나씩 두는 4대문의 형식을 갖추기 위해 지어진 것으로 비상시에만 사용되었어요.

동대문 (흥인지문 : 인(仁)을 일으키는 문)
보물 제1호이며 서울 4대문, 4소문 중 유일하게 성문을 보호하기 위하여 큰 성문 밖에 원형으로 쌓은 작은 성이 남아 있어요.

서울의 4대문은 동서남북을 기준으로 만들었는데 '인의예지'를 담아 이름을 지었어.
흥인지문으로 불리는 동대문, 숙정문으로 불리는 북대문과
지금은 볼 수 없는 돈의문으로 불린 서대문,
그리고 안타깝게 불에 타 새롭게 복원한 숭례문으로 불리는 남대문이 있어.

경회루
왕이 연회(잔치)를 베풀거나 사신을 대접하고, 가뭄이 들면 기우제를 지내는 등 국가행사에 사용하던 건물이에요.

근정전의 칠조룡
발톱이 4개인 용, 사조룡이 조선 임금의 상징이고 발톱이 5개인 오조룡은 중국 황제만이 사용할 수 있었지요. 그런데 흥선대원군이 경복궁을 다시 만들면서 발톱이 7개인 칠조룡을 근정전 천장에 매달았답니다.

성 안쪽에는 왕이 살았던 궁궐들이 아직 자리를 지키고 있어.
무려 5개의 궁궐을 가진 나는 궁궐의 도시라 할 수 있어.
'큰 복을 누리며 번성하라.'는 뜻을 지닌 경복궁은
주로 왕이 나랏일을 하거나 손님을 맞이하는 곳으로 사용했지.
왕이 효율적으로 일할 수 있게 설계한 곳이야.

경복궁 교태전 아미산 굴뚝
왕비의 생활공간인 교태전 온돌방을 통과하여 연기가 나가는 굴뚝이에요. 굴뚝 벽에 아름다운 무늬가 새겨져 있어요.

경복궁 근정전
부지런하게 정치하라는 뜻의 근정전은 왕의 즉위식이나 대례와 같은 국가의식을 거행하고 외국 사신을 맞이하던 곳이에요. 조선 왕실을 상징하는 건물이죠.

유네스코 세계유산 창덕궁
주변 자연 환경과 조화를 이루고 조선 궁궐 건축의 다양한 특성을 보여주며, 현재 남아 있는 조선의 궁궐 중 원형이 가장 잘 보존되어 있어 유네스코 세계유산에 등재되었어요.

우리나라의 궁궐 중 유일하게 유네스코 세계유산으로 등재된
창덕궁은 왕이 주로 생활을 하던 곳이야. 가장 오랫동안 왕들이 머물렀던 곳이지.
특히 창덕궁은 자연 그대로를 살려 지어 한국적 아름다움으로 찬사를 받는 곳이야.
창덕궁에서 가장 아름답다고 손꼽는 후원은 비원, 금원이라도 부르는데
이곳의 정자와 연못 등이 자연 그대로 잘 어우러져서
누구나 한눈에 반할 만한 곳이지.

후원 뒤에 있는 정원, 왕실의 정원을 말해요.

창덕궁
인정전은 중요한 의식을 치르던 곳이고, 선정전은 임금님이 주로 일하던 곳이었어요.
희정당은 임금님이 주로 생활하던 곳이고 대조전은 왕비가 주로 생활하던 곳이었죠.

창경궁
창경궁은 창덕궁과 연결되어 있지만, 독립적인 궁궐 역할을 하며 창덕궁의 모자란 주거공간을 보충해 주는 역할을 하였어요.

창경궁 대온실 서양식 건축 양식으로 설계된 한국 최초의 온실이에요.

왕의 별궁이었던 창경궁은 불이 자주 나서 건물이 없어지고,
다시 만들어지기를 반복했어.
그중에서도 일제강점기 때 가장 크게 훼손이 되는데
궁의 건물들을 모두 부수고 일본식 정원으로 만들었지.
또 동물원과 식물원을 만든 다음 창경원이라 부르게 하였어.
1983년 10월에 창경원에 있던 동물원을 과천 서울대공원으로,
벚꽃나무는 여의도로 옮기고 복원 후 다시 '창경궁'이라 불러.

순종
대한제국의 마지막 황제였어요.
주로 창경궁 희정당에서 생활하셨어요.

창경궁 희정당
원래는 왕이 잠을 자던 곳이었다가 조선 후기부터는 왕이 일을 하는 곳으로 바꿔 사용했어요.
응접실에 금강산 총석정절경도, 금강산 만물초승경도의 벽화가 걸려 있어요.
건물 앞쪽에는 전통 건물에서 볼 수 없는 현관이 있는데 자동차가 드나들 수 있게 만들어졌어요.

순종 어차
미국 GM사가 1918년에 제작한 캐딜락 리무진으로 순종의 자동차였어요.
국립고궁박물관에 가면 볼 수 있어요.

중명전 덕수궁 별채로 1901년 황실도서관으로 지어졌어요.

을사늑약
일본이 우리나라의 외교권을 빼앗기 위해 강제로 체결한 약속을 말해요.

헤이그 특사
고종 황제가 을사늑약이 무효임을 국제 사회에 알리기 위해
만국 평화 회의가 열리는 네덜란드 헤이그에 이준, 이상설, 이위종 등을
파견하지만, 일본의 방해로 참석하지 못하게 돼요.

덕수궁(경운궁)은 왕의 가족들이 살던 곳이기도 해.
고종이 경운궁으로 거처를 옮기면서 장수를 비는 뜻에서
덕수궁이라 고쳐 불렀어.
이때 궁궐의 모습으로 갖춰지면서 서양식 건물이 들어섰다고 해.
안타깝게도 덕수궁 또한 일본인에 의해 절반 이상이 훼손되고,
팔리면서 지금의 모습이 되었어.
덕수궁 밖에 있는 중명전도 그중 하나지.
중명전은 을사늑약과 헤이그 특사의 현장이니 꼭 가봐.

오얏꽃
조선왕실을 상징하는 꽃문양으로 고종이 조선을
대한제국이라 칭하고 왕을 황제로 승격시키며 황실문장으로
사용하였어요. 오얏꽃은 자두꽃이에요.

덕수궁 석조전
조선이 대한제국으로 왕이 황제가 되었음을
선포하며 황제가 사용할 공간으로 서양의 주거
양식을 도입하여 만든 서양식 궁전이에요.

고종
조선의 26대왕이자 대한제국을
만든 첫 황제예요.

환구단
하늘에 제사를 드리고 대한제국을 선포한 곳이에요.
덕수궁과 멀지 않은 곳에 있어요.

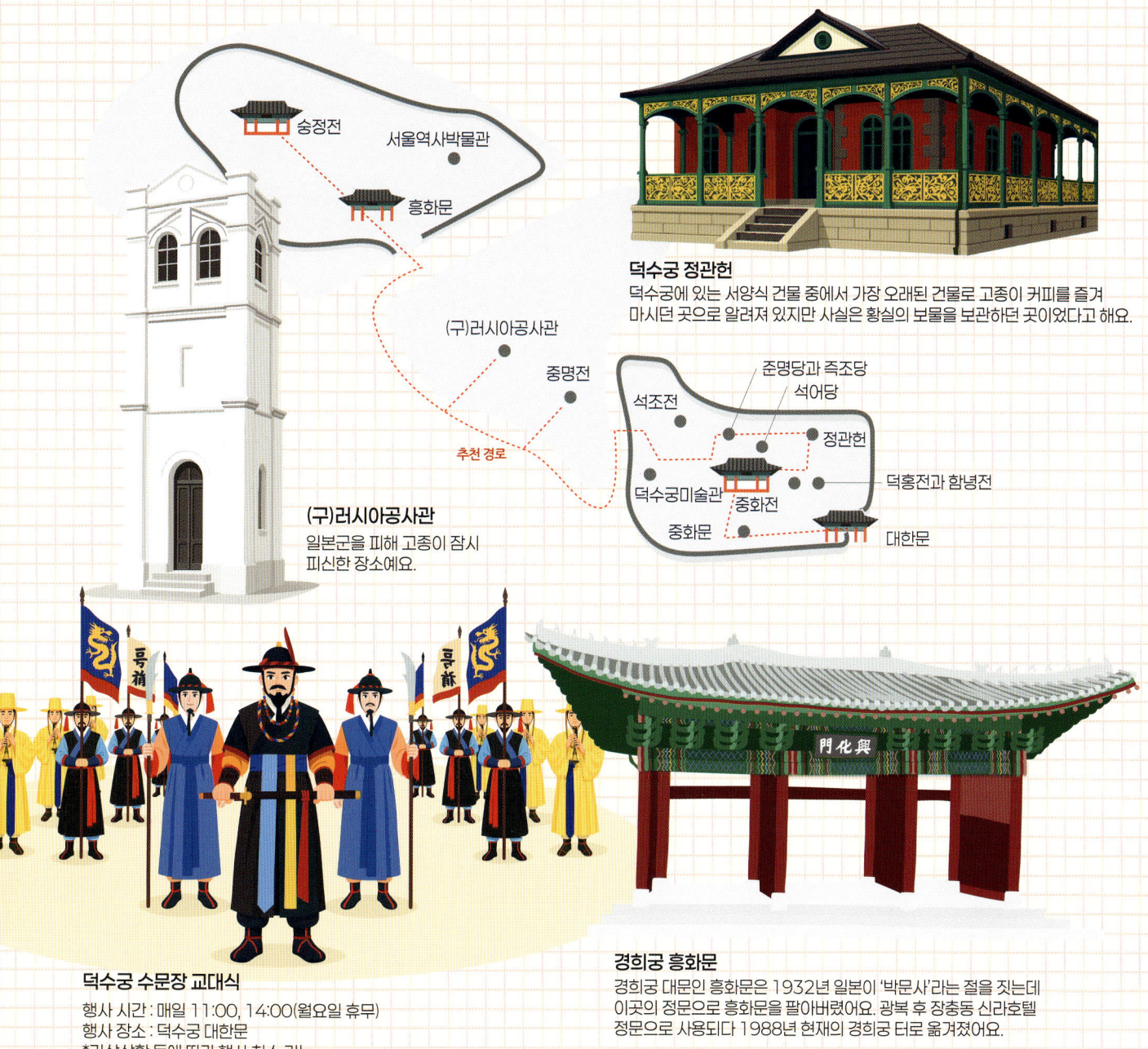

덕수궁 정관헌
덕수궁에 있는 서양식 건물 중에서 가장 오래된 건물로 고종이 커피를 즐겨 마시던 곳으로 알려져 있지만 사실은 황실의 보물을 보관하던 곳이었다고 해요.

(구)러시아공사관
일본군을 피해 고종이 잠시 피신한 장소예요.

덕수궁 수문장 교대식
행사 시간 : 매일 11:00, 14:00 (월요일 휴무)
행사 장소 : 덕수궁 대한문
*기상상황 등에 따라 행사 취소 가능

경희궁 흥화문
경희궁 대문인 흥화문은 1932년 일본이 '박문사'라는 절을 짓는데 이곳의 정문으로 흥화문을 팔아버렸어요. 광복 후 장충동 신라호텔 정문으로 사용되다 1988년 현재의 경희궁 터로 옮겨졌어요.

경희궁은 왕이 이동할 때 쉬거나, 문제가 있을 때 쓰는 이궁이었어.
왕마다 사용하는 궁궐이 조금씩 달랐는데
조선 후기의 숙종부터 헌종 때까지 대부분 왕이 이곳 경희궁에서 생활했지.
안타깝게도 일제강점기에 일본인들이 경희궁 또한 모두 팔아 버리게 돼.
경희궁 터를 발굴하고 복원하여 오늘날의 모습이 되었어.

조선왕릉 40기의 왕릉이 있어요. 그중 선릉과 정릉, 태릉과 강릉, 정릉, 의릉이 서울에 있지요. 유네스코 세계유산에 등재되었어요.

종묘 신실의 신주 왕과 왕비가 같이 모셔져 있어요.

신주 돌아가신 분의 이름을 적어 놓은 작은 나무패를 말하는 것이에요.

5대 궁궐과 함께 꼭 가봐야 할 곳 중 하나는 바로 종묘야.
조선시대 왕과 왕비의 신주를 모신 사당이고, 나라의 제사를 지내는 곳이지.
종묘는 건축이 주는 고요함과 경건함이 인상적인 곳이야.
종묘제례와 종묘제례악은 유네스코 세계무형유산으로 지정되어 있어.
오늘날까지 전주 이씨의 후손들이 일 년에 두 번 제례를 지내니
제례 날에 맞춰 꼭 한번 감상해 봐!

신로 종묘의 돌길 중 가장 높은 가운데 길은 신이 다니는 신로예요. 돌길의 우측은 왕이, 좌측은 왕자가 다니는 길이죠.

종묘제례 최고의 품격으로 치르는 왕실 의례 절차를 말해요. 제사를 지내는 예법과 예절이 포함돼요.

종묘제례악 종묘제례를 할 때 연주되는 음악을 말해요. 절대음감의 세종대왕께서 만들고 세조께서 완성하셨어요. 왕조의 안정과 국민의 화합이라는 큰 뜻이 담겨있다고 해요. 유네스코 세계유산에 등재되었어요.

한양도성 스탬프 투어
구간 완주를 인정하는 스탬프 찍는 곳이 있어요. 숙정문, 흥인지문, 숭례문, 돈의문 4개 지점의 스탬프를 모두 받으면 완주 기념 배지도 받을 수 있어요.

한양도성 달빛기행
도성을 따라 걸으며 역사와 문화를 배우는 달빛기행은 저녁 시간에 한양도성 낙산 구간(2.3km)을 문화 해설사와 걷는 프로그램이에요.
한양도성 홈페이지에서 신청하면 돼요.

사대문과 사소문 그리고 5대 궁궐과 함께
오래전의 모습이 궁금하다면
서울을 둘러싼 성곽길을 걸어보길 추천해.
한양도성길이라 불리는 이 길은
총 6구간으로 나뉘는데 그중 낙산 구간을 추천해.
걷기도 편하지만 낙산공원에서 보는 노을과 야경이 아름다워.
도성이 더 궁금하다면 낙산 구간 끝에
한양도성박물관도 있으니 꼭 들러보면 좋을 것 같아.

한국은행
우리나라의 화폐를 발행하며 은행의 은행, 정부의 은행 역할을 하는 곳이에요. 한국은행은 물가와 금융 안정을 위한 곳이에요.

나는 대한민국의 수도인 만큼 중요한 시설들이 모두 모여 있어.
그중에서도 역대 대통령들이 일하던 청와대와
국회의원들이 업무를 보는 국회의사당을 손꼽을 수 있지.
현충원도 있는데 나라를 위해 목숨을 바친 분들이 모셔져 있는 국립묘지야.
또 서울시장이 일하는 서울시청과 다양한 나라의 대사관들이 서울에 있어.
유일하게 우리나라 화폐를 발행할 수 있는 한국은행도 서울에 있단다.

청와대
대통령께서 머물며 일하던 곳이에요.
'경무대'라고 불리다가 청색 기와지붕을 가졌다 하여 '청와대'라 불러요.

국회의사당
국회의원들이 모여 국민들의 의견을 모으고 결정하는 곳이에요. 단일 의사당 건물로는 동양에서 제일 크며 둥근 지붕은 토론을 통해 국민의 뜻을 하나의 결론으로 내린다는 민주 정치를 상징해요.

국회박물관
국회활동과 의회민주주의와 관련된 다양한 것들이 전시되어 있어요.

국회의사당 관람정보
본회의장 참관, 국회체험관, 어린이박물관 등 온라인 예약 후 이용할 수 있고, 국회박물관은 예약 없이(평일 10:00~18:00, 토요일 10:00 ~ 13:00) 자유롭게 관람할 수 있어요.

서울시청
서울 시장님과 서울시 공무원들이 일하는 곳이에요.
이곳은 본청이고 이외에 서소문, 무교로, 남산, 청계 청사가 있어요.

서울시청은 옛 시청 건물과 새로 지은 신청사가 있는데
옛 건물은 일제강점기에 지어진 경성부청 건물이었지.
광복 이후에는 서울시청으로 사용되었다가
신청사가 지어지면서 도서관으로 사용되고 있어.
서울시청 앞 광장은 겨울에는 스케이트장으로 변신해.
스케이트를 잘 타지 못해도 괜찮으니 꼭 한번 타봐!

현충원
국가와 민족을 위해 목숨을 바친 분들이 잠들어 계신 국립묘지예요.

나는 오랜 역사를 자랑하는 다양한 시장들로 가득해.
원래 남대문시장은 나라에서 허락받은 사람들만 장사를 하던 곳이었어.
시장이 커지면서 누구나 물건을 사고팔게 되었지.

동대문종합시장
의류 재료인 원단부터 부자재, 액세서리 등과 혼수용품을 파는 시장이에요.

남대문시장
우리나라 최고, 최대 재래시장으로 아동복, 주방용품, 수입상품 등 다양한 물건들을 판매해요.

양재꽃시장
국내 최대 꽃시장이에요.

광장시장
100년 동안 서울 중심에 자리한 광장시장은 먹거리가 유명해요.

노량진수산시장
전국 각지의 바다 등에서 바로 올라온 신선한 수산물로 가득한 시장이에요.

오래전에는 칠패시장과 이현시장이 가장 유명했는데,
칠패시장이 훗날 남대문시장으로,
해산물과 채소를 팔던 이현시장(배우개장)은
광장시장이 되었어.
인근 동대문시장도 광장시장에 포함되었는데
한국전쟁 때 완전히 파괴된 후 생활필수품과 군용물자를
팔면서 활기를 띠게 되었지.

서울약령시장은 보제원이 있던 자리에 선 시장으로, 국내 최대 한약시장이야. 한의약 박물관도 있으니 전통 한약의 효능을 알아보는 재미도 느껴봐. 오래전 우시장과 함께 나라에서 키우는 말 목장이 있던 마장동에는 축산물시장이 들어섰지.

마장축산물시장
국내 최대의 축산물 시장이에요.

통인시장
엽전 1개당 500원이며 엽전으로 시장 음식을 도시락에 담아 살 수 있어요.

서울 약령시장과 경동시장
서울에 있는 전통시장들 중에서 면적이 가장 넓은 경동시장은 전국에서 가장 큰 한약재 전문시장인 약령시장도 있어요.

서울 밤도깨비 야시장
밤이면 열렸다가 아침이면 사라지는 도깨비같은 시장이라는 뜻이에요. 여의도, DDP, 청계천, 반포, 문화 비축기지 등 여러 곳에서 열려요.

그중에서 나는 작지만, 도시락 카페를 운영하는 통인시장과
낡은 제품들을 많이 파는 황학동 풍물시장을 꼭 한번 가보길 추천해.
또 서울 곳곳에 밤도깨비 야시장이 열리니까 밤에도 시장 나들이를 해보렴.

문화역 서울 284 (구. 서울역)
100년이 넘은 서울역의 원형을 복원하여 복합문화공간으로 탄생하였어요.

자율주행버스 한산한 시간대인 새벽과 심야시간에 출퇴근을 돕는 자율주행버스를 운영하고 있어요. 뿐만 아니라 청와대 및 청계천 주변을 도는 자율주행버스도 있어요.

서울은 교통이 정말 편리해.
모든 길은 서울로 통한다는 말이 있듯이 서울은 교통의 중심지야.
모든 철도망이 서울로 통하고,
고속도로 역시 서울에서 시작되는 것들이 많아.
뿐만 아니라 나는 고속버스터미널과 동서울터미널,
남부터미널까지 3곳의 버스터미널이 있지.
전국 각지 안 가는 곳이 없어.
김포공항도 서울에 있다는 사실 알고 있니?
너는 어디에서 무엇을 타고 왔니?

따릉이
서울시에서 운영하는 공공자전거 대여 서비스예요.

한강 유람선
여의도와 잠실 선착장에서 출발하는 다양한 컨셉의 유람선이 있어요.

서울 곳곳을 누비는 서울 시내버스는 총 7400여 대,
하루 500만 명의 시민들이 이용해. 그야말로 서울시민의 발이지.
따릉이라는 서울 공유 자전거도 타보렴.
또 서울을 가로지르는 한강유람선이 있는데
유람선을 타고 보는 서울 야경은 그야말로 그림 같아.
서울을 가로지르는 한강 다리마다 특색이 있고,
다리마다 전망대 겸 카페가 있으니 한 번쯤 들러봐.

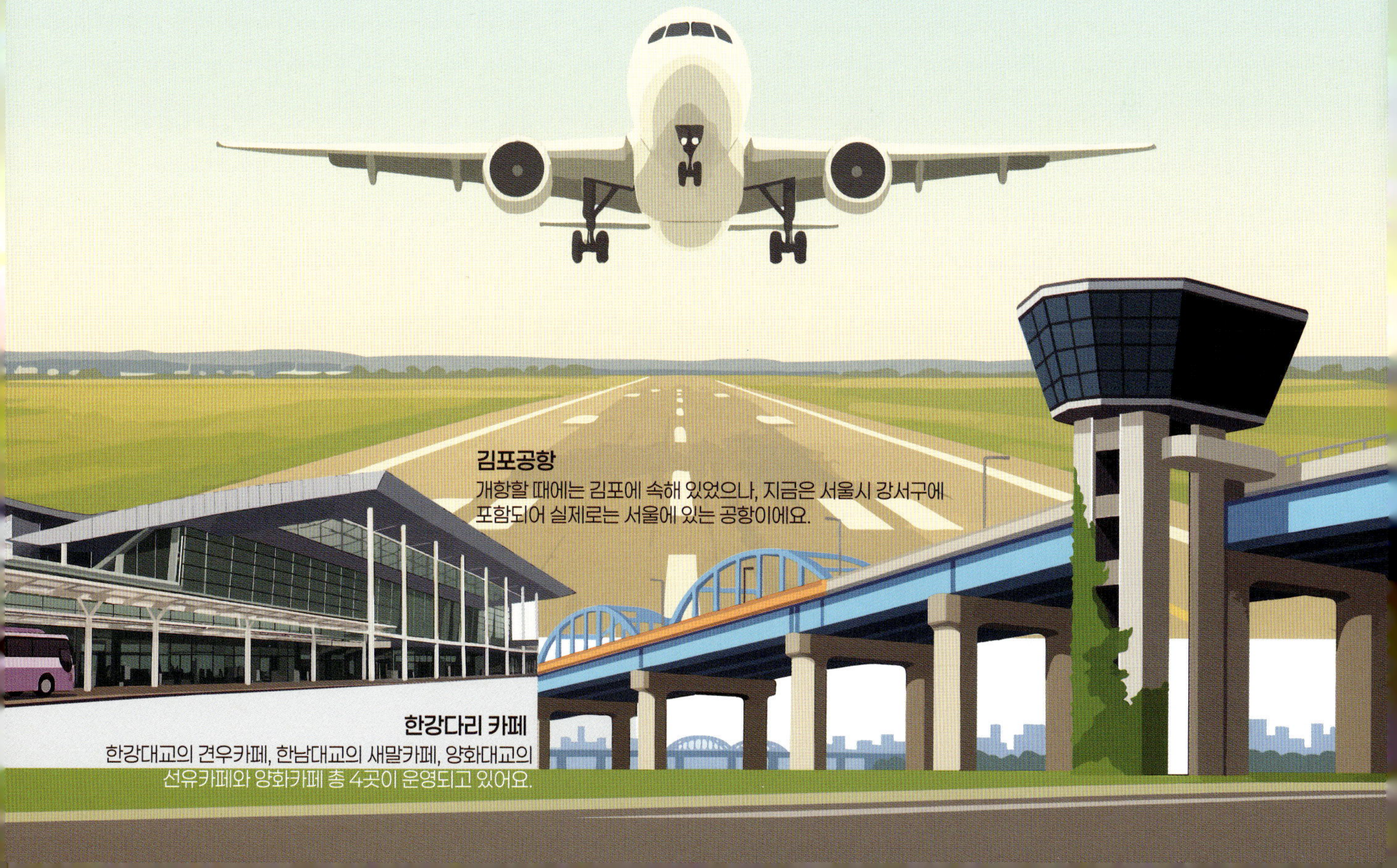

김포공항
개항할 때에는 김포에 속해 있었으나, 지금은 서울시 강서구에 포함되어 실제로는 서울에 있는 공항이에요.

한강다리 카페
한강대교의 견우카페, 한남대교의 새말카페, 양화대교의 선유카페와 양화카페 총 4곳이 운영되고 있어요.

하중도 하천이 구불구불 흐르다가 흐르는 속도가 느려지거나 유로가 바뀌면 퇴적물을 하천에 쌓아 놓게 돼요.
이러한 과정이 계속 일어나면 하천 바닥에 퇴적물이 쌓이고 하천 한가운데 섬으로 남게 되지요.

한강에는 다양한 섬들도 있어. 잠실도 섬이었다는 사실, 알고 있니?
잠실과 신천 부근이 부리도, 무동도, 잠실 섬이라는 3개의 섬이었다고 해.
국회의사당이 있는 여의도도 섬이지. 오래전에는 비행장으로 사용했었대.

여의도

선유도

노들섬

밤섬

공원으로 변신한 선유도와 노들섬,
철새 도래지로 '생태계보전지역'으로 지정된 밤섬도 있어.
세빛섬처럼 인공적으로 새로 만들어진 섬도 있지만
난지도를 비롯해 반포섬, 무학도, 뚝섬 등
도시개발로 인해 사라진 섬도 많아.

세빛둥둥섬

서울 빛초롱축제 겨울의 청계천에 200여 개의 다양한 조형이 빛으로 수를 놓는 연말축제예요.

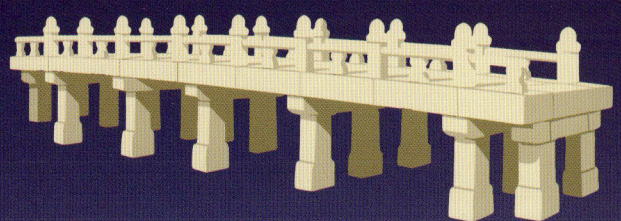

수표교 청계천의 수량을 측정하여 홍수에 대비하던 다리였어요. 청계천 공사로 장충단공원으로 옮겨졌어요.

양재천과 샛강, 홍제천 등 한강으로 이어지는 많은 천이 있지만
그중에서도 옛 서울 사람들의 놀이터이자
빨래터였던 청계천을 꼭 한번 걸어봐.
새롭게 복원된 청계천은 너무 예쁘기도 하지만
중요한 문화유산들과 함께 재미있는 이야기들이 숨어 있는 곳이란다.

나는 무려 100여 개의 크고 작은 박물관들이 있어.
경복궁 안에는 조선 왕실과 관련된 유물로 가득한 국립고궁박물관이 있고,
경복궁 바로 앞에는 근현대사를 한눈에 알 수 있는 대한민국역사박물관이 있지.

우리의 역사와 문화뿐만 아니라 세계 문화 등을 두루 볼 수 있는 국립중앙박물관,
그리고 바로 옆에 한글의 우수함을 알 수 있는 국립한글박물관이 있어.

또 일제강점기의 슬픈 역사를 배울 수 있는 서대문형무소 역사관,
전쟁의 아픔을 느끼고 교훈을 새길 수 있는 용산 전쟁기념관,
다양한 체험으로 창의력이 샘솟는 서울시립과학관과
광범위한 자연의 역사를 배울 수 있는 서대문자연사박물관도 있어.

국립중앙박물관

서울식물원

대한민국역사박물관

전쟁기념관

한성백제박물관

국립한글박물관

이 밖에 다양한 주제의 박물관들이 있으니
좋아하는 주제에 맞춰 하나씩 찾아가 봐.

설렁탕

장충동 족발

신림동 순대

서울식 불고기

서울의 다양한 음식 골목
신당동 떡볶이, 장충동 족발 외에 마포 돼지갈비, 무교동 낙지, 신림동 순대, 용두동 주꾸미 등 유명한 음식 골목들이 있어요.

서울음식
서울을 대표하는 음식으로는 서울식 불고기와 설렁탕 등이 있어요.

나는 동네마다 오랜 역사와 함께 특별한 거리로 가득해.
6·25전쟁 때 피난민이 모여 만들어진 장충동 족발 거리와
즉석 떡볶이로 유명한 신당동 떡볶이 거리,
조선시대 왕족과 사대부들이 살던 흔적이
고스란히 남아 있는 북촌 한옥마을도 있어.
'도화서'와 '충훈부', 그리고 율곡 이이와 이완 장군이
살았던 인사동은 유명한 전통문화의 거리야.

도화서
조선시대에 그림을 그리는 일을 하던 곳이에요.

충훈부
나라를 위해 공을 세운 사람들과 그 자손을 대우하기 위해 설치하였던 관청이에요.

한강의 물길이 닿는 교통의 요지, 이태원과 용산은
오래전부터 서울의 관문이었어.
그래서 이태원에는 '역원'이라는 조선시대 숙소가 있었어.
교통의 요지였던 용산에 일본인들이 군사기지를 만들었고
일본군이 물러난 자리에 미군이 들어오면서
주변에 외국인들이 많이 머물게 되었지.
그러면서 오늘날의 다문화, 다국적 지역이 되었어.

한옥마을
남산한옥마을을 비롯해서 은평한옥마을, 북촌한옥마을 등이 있어요.

서울은 정말 복잡한 도시지만, 자연과 가까운 도시이기도 해.
경복궁 뒤로 펼쳐져 있는 북악산과 재미있는 이름의 바위로 가득한 인왕산이 있고,
북쪽으로는 북한산과 도봉산이, 남쪽으로는 관악산과 청계산이 있지.
서울 중심에는 남산이 있는데 이곳에 남산 서울타워가 있어.

남산 케이블카
대한민국 최초의 여객용 케이블카로
3분이면 남산까지 오를 수 있어요.

남산 서울타워는 원래 방송국의 종합 전파탑으로
건설되었지만 지금은 전망대와 문화공간으로 더 유명해.
남산으로 가는 케이블카도 타보고
사랑의 자물쇠도 걸어봐.

남산 봉수대
전국의 봉화대에서 올라오는 봉화를 최종적으로
집결해 상황을 도성에 알리는 역할을 했어요.
봉화의식 진행시간 : 11:00~12:10

N서울타워
야경도 멋진 N서울타워는 조명 색깔에 따라
초미세먼지 농도를 알 수 있어요.
파랑은 좋음, 초록은 보통, 노랑은 나쁨,
빨강은 매우 나쁨이에요.

세검정

산으로 둘러싸인 서울에는 보석처럼 빛나는 계곡들도 가득해.
북한산과 도봉산 사이에 있는 우이동 계곡은
작은 폭포와 울창한 숲이 반기는 곳이야.
조상들의 별장으로 가득한 백사실 계곡은
도롱뇽, 개구리, 버들치, 가재 등
다양한 생물들이 살고 있어서 보존가치가 높은 곳이지.

인왕산
경복궁 동쪽, 그러니까 광화문에서 바라보면
왼쪽에 있는 바위산이에요. 겸재 정선의
'인왕제색도' 속의 산이 바로 이 산이에요.

봉은사 신라 말에 만들어진 사찰이에요.
성종의 무덤인 선릉을 조성하며
사찰을 더 크게 지었다고 해요.

서울숲

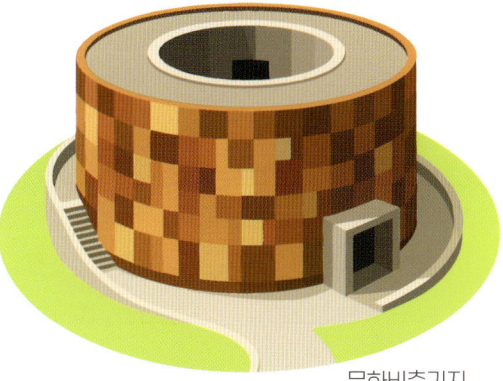

문화비축기지

하늘공원

동식물을 가깝게 만날 수 있는 서울숲과
석유비축기지가 공원으로 바뀐
문화비축기지도 매력적이야.

가을이면 억새로 가득한 하늘공원과 캠핑을 할 수 있는 노을공원,
다양한 생물들의 서식처인 길동생태공원도 있어.
여의도공원에서는 열기구를 타고
서울을 내려다볼 수도 있어.

여의도공원 서울달
이착륙 시간을 포함해 15분 가량 날며,
아파트 12층 높이 정도인 최대 130m 상공까지 날 수 있어요.
운영시간 : 12:00~22:00

난지공원

여의도공원

육조
나랏일을 나누어 맡아 처리하던 6개의 관청을 말해요.

보신각
도성 4대문의 여닫는 시각을 알리던 종이 있던 자리예요.
시각을 알리던 종은 그 수명이 다하여 국립중앙박물관에 보관하고 있어요.
지금의 종은 1986년 제작된 '서울 대종'으로 매년 새해 첫날이면
한 해의 시작을 알리지요.

경복궁 앞에 중요한 6개의 관청이 있는 거리라 하여 육조거리라 불린 세종로는
세종대왕과 이순신 장군이 지키고 서 있는 지금의 광화문 광장이 되었어.
세종대왕 동상 지하 공간에 세종대왕의 업적을 한눈에 볼 수 있는
'세종 이야기' 전시관이 있으니 꼭 들러봐.

옛 서울에는 도성의 문을 여닫는 알람이자 시계 역할을
했던 종루가 있었는데 종루에서 유래되어 종로라고 불렀대.
종루는 임진왜란 때 모두 불타 없어졌지만
고종 때 보신각으로 고쳐지었지.
'인의예지신'의 마지막 '신'을 이름에 넣어
서울의 중심임을 의미해.

광화문 파수의식
행사시간 : 11:00, 13:00
(소요시간 10분)

광화문 수문장 교대식
행사시간 : 10:00, 14:00 (소요시간 20분)

서울 월드컵경기장   잠실 올림픽경기장

서울에는 방송국과 신문사 같은 언론사들도 모여 있어.
특히 상암동에 가면 다양한 방송국들이 있는데
공개방송이나 견학 프로그램이 있으니 티비나 라디오를 통해 보고 듣던 것들을
직접 경험해 보는 것도 정말 재미있을 거야.
참, 상암동이야기가 나와서 말인데 상암에는 2002 한일 월드컵의
주 경기장인 서울 월드컵경기장도 있어. 이곳은 아시아 최대 축구장이야!
1988 서울 올림픽의 주 경기장인 잠실 올림픽경기장은 잠실에 있어.

한강공원 수영장
잠실, 뚝섬, 잠원, 여의도, 양화, 난지 등에 있어요.
여름에만 개장하는 수영장으로
저렴한 가격으로 이용할 수 있어요.

봄이 되면 나는 봄꽃으로 가득한 도시가 돼.

여의도에는 벚꽃이 만발하고, 응봉산은 개나리꽃으로 뒤덮이지.

남산은 개나리와 진달래, 벚꽃이 순서대로 피어나서 봄이면 더욱더 아름다워.

넌 어떤 꽃이 좋으니?

여름이 되면 한강공원은 멋진 수영장으로 변신해.

한강에서는 다양한 수상 레저를 즐길 수도 있단다.

도심에서 이런 스포츠들을 즐길 수 있는 건 정말 특별한 일이야.

윤중로 벚꽃길
일본은 창경궁의 전각들을 헐고 그 자리에 창경원(동물원과 식물원)을
열면서 벚나무를 심었어요. 창경궁 복원 사업을 하며 여의도와 서울대공원에
옮겨 심은 것이 윤중로 벚꽃의 시작이에요.
매년 4월 초에 벚꽃축제가 열려요. 이때는 차 없는 거리로 운영돼요.

명동성당
우리나라 최초의 벽돌로 쌓은 교회예요.
서양식 건축물이지만 건축에 사용한 벽돌은 모두
우리나라에서 만든 것으로,
1898년 완성한 유서깊은 곳이에요.

가을이면 5대 궁궐이 단풍으로 물들고, 다양한 가로수들이 옷을 갈아입어.
산으로 둘러싸인 서울은 단풍 속에 파묻힌다고 해도 과언이 아니야.
특히 남산의 둘레길과 경인선 숲길은 가을 정취를 느끼기에 더없이 좋은 곳이지.
하늘공원을 하얗게 뒤덮는 억새풀도 장관이란다.

서울의 겨울은 화려한 불빛으로 물들어.
특히 쇼핑의 거리라 불리는 명동은 겨울이면 더욱더 화려해지지.
명동은 오랜 역사가 살아 숨 쉬는 명동성당이 있는 곳이라서 겨울에 더욱더 멋져.
화려한 불빛도 좋지만 나는 도심 속 종묘의 겨울 풍경을 가장 사랑해.

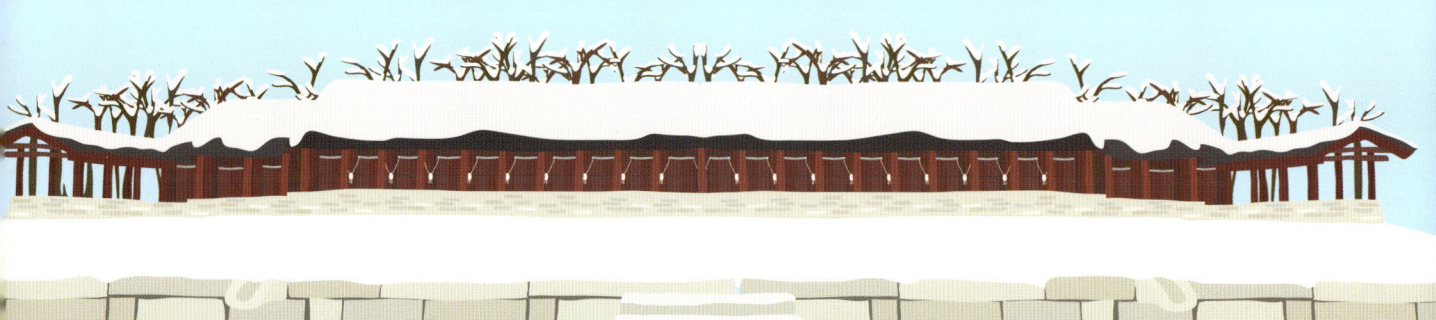

서울의 모든 것을 다 보기 어렵다면 시티투어를 이용해 봐.
여러 가지 테마의 시티투어가 준비되어 있어.
도심, 고궁, 서울 파노라마, 야경 코스 등이 있으니
원하는 코스를 골라서 꼭 한번 타봐.

나는 볼거리, 즐길 거리, 먹거리가 가득한 곳이지.
다양한 이야기와 따뜻한 정이 넘치는 서울로 놀러 와!
나는 대한민국의 수도, 서울이야.

안녕, 나는 서울이야!

경복궁 전경

경복궁 수문장교대식

창덕궁 관람지의 가을

남산 서울타워

덕수궁

스티커로 나만의 서울을 만들어 보아요.

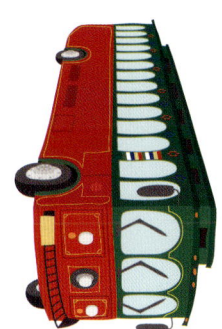

아이랑 가볼 만한 곳

문화유산

경복궁
종로구 사직로 161

창경궁
종로구 창경궁로 185

창덕궁
종로구 율곡로 99

덕수궁
중구 세종대로 99

경희궁
종로구 신문로2가 1-2

종묘
종로구 훈정동 1-1

한양도성(낙산공원)
성북구 삼선동1가

숭례문
중구 세종대로 40

흥인지문
종로구 종로 288

보신각
종로구 종로 54

독립문
서대문구 현저동 941

환구단
중구 소공로 106

랜드마크

남산서울타워
용산구 남산공원길 105

남산케이블카
중구 소파로 83

서울스카이전망대
송파구 올림픽로 300

63스퀘어
영등포구 63로 50 한화금융센터_63

롯데월드
송파구 올림픽로 240

코엑스
강남구 영동대로 513

동대문디자인플라자(DDP)
중구 을지로 281

월드컵경기장
마포구 월드컵로 240

잠실올림픽경기장
송파구 올림픽로 25

세빛둥둥섬
서초구 올림픽대로 683

청계천
종로구 창신동

세운상가
종로구 청계천로 159

주요기관

청와대
종로구 청와대로 1

서울시청
중구 세종대로 110

한국은행
중구 남대문로 39

국회의사당
영등포구 의사당대로 1

현충원
동작구 현충로 210

박물관

국립중앙박물관
용산구 서빙고로 137

국립고궁박물관
종로구 효자로 12

서대문형무소역사관
서대문구 통일로 251

서울역사박물관
종로구 새문안로 55

국립민속박물관
종로구 삼청로 37

전쟁기념관
용산구 이태원로 29

국립어린이과학관
종로구 창경궁로 215

몽촌역사관
송파구 올림픽로 424

세종이야기/충무공이야기
종로구 세종대로 175

서울상상나라
광진구 능동로 216

대한민국역사박물관
종로구 세종대로 198

국립한글박물관
용산구 서빙고로 139

한성백제박물관
송파구 위례성대로 71

문화역서울 284
중구 통일로 1

청와대사랑채
종로구 효자동 150

경찰박물관
종로구 새문안로 41

허준박물관
강서구 허준로 87

청계천박물관(청계천판잣집체험관)
성동구 청계천로 530

한국은행화폐박물관
중구 남대문로 39

서대문자연사박물관
서대문구 연희로32길 51

한양도성박물관
종로구 율곡로 283

서울시립과학관
노원구 한글비석로 160

서울함공원 함상전시관
마포구 마포나루길 407

은평역사한옥박물관
은평구 연서로50길 8

윤동주문학관
종로구 창의문로 119

백범김구기념관
용산구 임정로 26

농업박물관
중구 새문안로 16

과자박물관 스위트팩토리
영등포구 양평로21길 10

서울약령시한의약박물관
동대문구 약령중앙로 26

SeMA 벙커
영등포구 여의도동 2-11 지하

서울하수도과학관
성동구 자동차시장3길 64

공원, 광장

서울함 공원
마포구 마포나루길 407

여의도 한강공원(유람선)
영등포구 여의동로 330

광화문광장
종로구 세종대로 172

서울광장
중구 세종대로 110

청계광장
종로구 서린동 14-1

서울숲
성동구 뚝섬로 273

하늘공원
마포구 하늘공원로 95

노을공원
마포구 상암동

선유도공원
영등포구 선유로 343

남산공원
중구 삼일대로 231

잠실올림픽공원
송파구 올림픽로 424

어린이대공원
광진구 능동로 216

용산가족공원
용산구 용산동6가 68-87

여의도샛강생태공원
영등포구 여의도동

북서울 꿈의 숲
강북구 월계로 173

길동생태공원
강동구 천호대로 1291

문화비축기지
마포구 증산로 87

중랑캠핑숲
중랑구 송림길 172

서울로7017
중구 청파로 432

경의선 숲길공원
마포구 연남동

특색거리

인사동 문화의 거리
종로구 인사동

명동거리
중구 명동2가

대학로거리
종로구 동숭동

신사동 가로수길
강남구 신사동

이태원 경리단길
용산구 이태원동

북촌한옥마을
종로구 계동길 37

삼청동길
종로구 삼청동

신당동 떡볶이타운
중구 신당동

신림동 순대타운
관악구 신림동

마포 돼지갈비거리
마포구 용강동

홍대거리
마포구 서교동

압구정로데오거리
강남구 압구정동

장충동 족발골목
중구 장충단로 176

디지털미디어시티
마포구 상암동

강남역거리
강남구 역삼동

시장

광장시장
종로구 창경궁로 88

남대문시장
중구 남대문시장4길 21

동대문시장(평화시장)
종로구 종로 266

경동시장(약령시)
동대문구 왕산로 147

서울풍물시장
동대문구 천호대로4길 21

창신동문구완구시장
종로구 종로52길 36

동묘 벼룩시장
종로구 숭인동

노량진 수산시장
동작구 노들로 674

가락시장
송파구 양재대로 932

자연

북한산
은평구 진관동

도봉산
도봉구 도봉동

남산
중구 회현동1가

인왕산
종로구 무악동 산2-1

북악산
종로구 부암동

아차산
광진구 광장동

응봉산
성동구 응봉동

백사실계곡
종로구 부암동 115

우이동계곡
강북구 우이동

진관사계곡
은평구 진관동

관악산계곡
관악구 신림동

평창계곡
종로구 평창동

석촌호수
송파구 잠실동

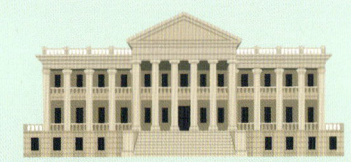

현장체험 학습 신청서와 보고서 작성 시 부모님을 위한 팁

현장체험 학습 신청서 작성의 목적과 필수 항목

현장체험 학습은 학교를 벗어나 배우는 교육 활동으로 자연을 체험하거나, 박물관, 미술관, 역사, 유적지, 공연 등 다양한 문화를 접하고 스스로 경험한 것을 학습의 일환으로 보는 프로그램입니다. 현장체험 학습 신청서를 제출한 후 학교의 승인을 받아야만 학교 출석을 인정받을 수 있습니다. 신청자의 인적 사항과 현장체험을 하고자 하는 기간과 장소 그리고 현장체험 학습계획, 비상연락처 등이 포함되어 있어야 하며 현장체험 학습 후 보고서를 제출하여야 합니다.

현장체험 학습 신청서 작성 팁

1. 현장체험 학습 계획은 여행 코스 계획 위주로 잡아 주시면 편해요. 아이들이 궁금해하는 곳 위주로 코스를 구성하되 코스 특성을 묶어 계획을 정리하는 것이 좋습니다. 여행 코스에 경복궁과 남대문을 간다고 한다면 '서울의 역사를 알아보자' 등으로 제목을 달 수 있습니다.
2. 아는 만큼 보입니다. 신청서 작성 전 아이와 함께 관련 책이나 인터넷, 유튜브 검색 등을 통해 미리 살펴보면 현장에서 직접 보는 아이와 신청서를 작성하는 부모님께 도움이 됩니다.

현장체험 학습 신청서 작성 예시

예) 1. 가족 여행을 통해 부모, 형제 사이의 유대감을 높이고 소중함을 확인한다.
    2. 서울의 지리적 특성(북한산, 청계천 등)을 이해한다.
    3. 서울의 다양한 골목을 찾아 역사를 알아보고 특정 음식을 맛본다.
    4. 서울의 역사와 문화, 서울 주요 기관에 대한 이해를 높인다.
    5. 각종 체험 시설과 유적지, 박물관 관람을 통해 다양한 경험을 쌓는다.

현장체험 학습 보고서 작성 시 부모님을 위한 팁 ◎ 현장체험 학습 보고서 작성 시 뒤에 있는 워크북을 활용해 보세요.

1. 처음부터 너무 완벽한 보고서를 쓰려고 아이에게 요구하지 마세요. 아이가 경험하고 느낀 것을 다시 생각해 보며 보고서를 쓰는 것 역시 현장체험 학습 과정 중 하나입니다. 아이가 자유롭게 표현할 수 있도록 옆에서 그때의 감정을 표현할 수 있도록 도와주세요.
2. 보고서는 아이 스스로 작성할 수 있게 지도, 관광안내 전단지와 입장권을 꼼꼼히 챙겨 놓으면 나중에 도움이 됩니다.
3. 현장체험이 끝난 후 이동하는 차 안에서 스마트폰의 녹음 기능을 통해서 아이의 감정과 생각을 기록해 두면 추후 보고서 작성 시 그때 느낀 감정 그대로를 표현할 수 있습니다.

 진행 순서 : 체험 학습 신청서 제출 (보호자 *반드시 미리 제출합니다.) ▶ 결재 (학교) ▶ 허가 여부 통보 (교사) ▶ 체험 학습 실시 (보호자와 학생) ▶ 보고서 제출 (학생) ▶ 출결 처리 (학교)

현장 체험 학습 보고서 작성 시 어린이를 위한 팁

현장체험 학습 보고서는 일기와 형식이 비슷해요. 어떤 곳을 가서 어떤 경험을 했고 그것을 통해 느낀 점들을 표현하면 돼요. 이때 단순히 "재미나요, 즐거웠어요"보다는 무엇이 재미나고 왜 즐거웠는지 구체적으로 적어주면 됩니다. 그때의 경험을 떠올려 입장권이나 사진 등을 이용해서 꾸며도 되고 그때의 감정과 생각들을 글로 표현하면 돼요.

① 미루지 않습니다.
② 반드시 스스로 작성하도록 합니다.
③ 썼던 현장체험 학습 신청서(제출할 때 한 장 더 복사해서)를 함께 들고 다니며 살펴봅니다.

서울과 관련된 단어찾기 11개

서	울	을	경	여	의	도
경	종	묘	우	희	선	청
남	산	청	한	양	유	계
대	정	복	강	경	노	천
문	광	화	문	복	들	청
화	주	덕	수	궁	섬	대

정답: 서울, 한양, 남산, 여의도, 경복궁, 종묘, 덕수궁, 광화문, 청계천, 노들섬, 경희궁

서울 5대 궁궐 줄잇기

덕수궁은 왕의 가족들이 살던 곳이었어요. 고종이 경운궁으로 거처를 옮기면서 장수를 비는 뜻으로 덕수궁이라 고쳐 불렀어요.

경복궁

창경궁

왕의 별궁이었던 창경궁은 불이 자주 나서 건물이 없어지고, 다시 만들어지기를 반복했어요.

'큰 복을 누리며 번성하라'는 뜻을 지닌 '경복궁'은 주로 왕이 나랏일을 하거나 손님을 맞이하는 곳이었어요.

창덕궁

경희궁

경희궁은 왕이 이동할 때 쉬거나, 문제가 있을 때 쓰는 이궁이었어요.

창덕궁은 우리나라의 궁궐 중 유일하게 세계문화유산으로 등재된 곳으로 왕이 주로 생활을 하던 곳이었어요.

덕수궁

서울 OX 퀴즈

1. '서울'은 경주의 옛 이름이자, 신라의 수도였던 '서라벌'에서 비롯되었다. O X

2. 덕수궁은 우리나라의 궁궐 중 유일하게 세계문화유산으로 등재되었다. O X

3. 한국은행은 우리나라 화폐를 발행할 수 있는 유일한 기관이다. O X

4. 서울은 천만 인구가 사는 대도시로 섬도, 산도, 계곡도 찾아볼 수 없는 도시이다. O X

5. 보신각의 '신'은 '인의예지신'에서 마지막 신을 넣어 이름을 만들었다. O X

6. 서울약령시장은 보제원이 있던 자리에 선 시장으로, 국내 최대 한약 시장이다. O X

7. 인사동은 역원이 있던 자리로 현재는 외국인이 아주 많이 살고 있다. O X

정답: 1.O / 2.X / 3.O / 4.X / 5.O / 6.O / 7.X

가로세로 낱말

가로

1. 조선시대 때 수도인 서울을 보호하기 위해 쌓은 성곽이에요.
2. 국회의원들이 모여 국민들의 의견을 모으고 결정하는 곳이에요.
3. 옛 서울 사람들의 놀이터이자 빨래터였던 이곳은 서울시민들이 사랑하는 산책로가 되었어요.
4. 서울 가운데 있는 이 산은 서울타워가 있는 곳이에요. 케이블카를 타고 오를 수도 있어요.
5. 육조거리였던 세종로에 있는 광장이에요. 지금은 세종대왕과 이순신 장군 동상이 지키고 서 있어요.
6. 조선시대 왕과 왕비의 신주를 모신 사당이고, 나라의 제사를 지내는 곳이에요.

세로

1. 우리나라의 화폐를 발행하며 은행의 은행, 정부의 은행 역할을 하는 곳이에요.
2. 대도시의 행정, 교통, 인구 등 대도시 기능의 일부를 분담하는 도시를 말해요.
3. 대통령께서 머물며 일하던 곳이에요.
4. 국보 제1호로 현재 서울에 남아 있는 목조 건물 중에 가장 오래되었어요. 숭례문이라고 부르기도 해요.
5. 국회의사당이 있는 섬으로 오래전엔 비행장으로 쓰기도 했어요.
6. 종루가 있는 거리라 하여 ○○이라 불렀어요. 종루는 임진왜란 때 모두 불타 없어졌지만 고종 때 보신각으로 고쳐지었어요.

서울여행 미로찾기

서울 주요시설 사다리타기

우리나라의 화폐를 발행하며 은행의 은행, 정부의 은행 역할을 하는 곳이에요.

국가와 민족을 위해 목숨을 바친 분들이 잠들어 계신 국립묘지예요.

한국은행  **현충원**

청와대 **국회의사당**

역대 대통령들이 머물며 일하던 곳이에요. 경무대라고 불리다가 청색 기와지붕을 가졌다 하여 청와대라 불러요.

국회의원들이 모여 국민들의 의견을 모으고 결정하는 곳이에요.

백사실계곡 가재 종이접기

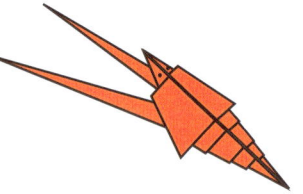

가재 접기

① 점선대로 반으로 접었다가 폅니다.

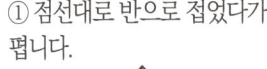

② 점선대로 안쪽으로 접어줍니다.

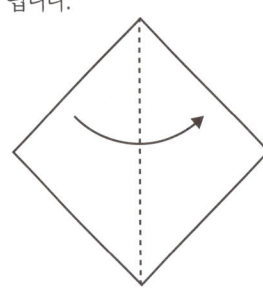

③ 점선대로 안쪽으로 접었다가 펴줍니다.

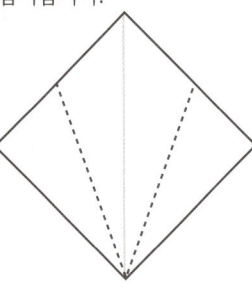

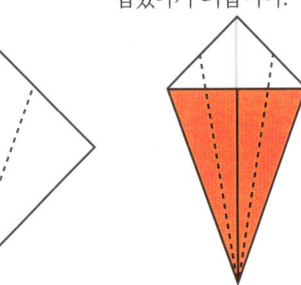

④ 안쪽으로 반으로 접습니다.

⑤ 가위로 점선대로 끝부분을 잘라줍니다.

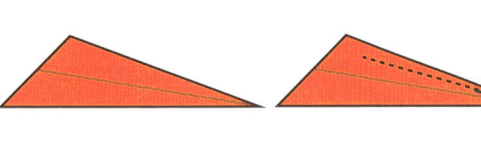

⑥ 다시 펼친 후, 점선대로 접어줍니다.

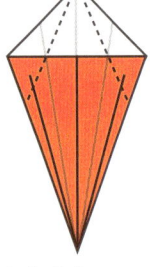

⑦ 점선대로 위로 접어 올립니다.

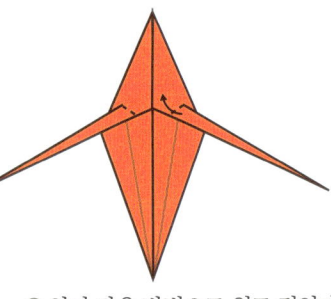

⑧ 점선대로 안쪽으로 접어줍니다.

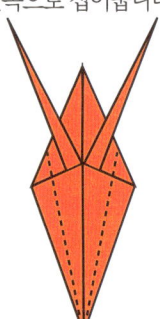

⑨ 점선대로 위로 접어줍니다.

⑩ 다시 아래쪽으로 점선부분을 접어줍니다.

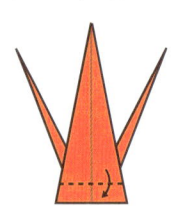

⑪ 앞과 같은 방법으로 위로 접었다 공간을 남기고 다시 아래로 접어줍니다.

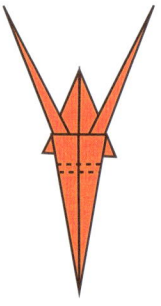

⑫ 같은 방법으로 2번 더 반복해서 접어줍니다.

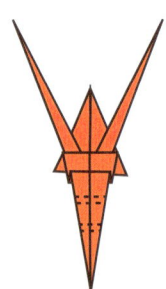

⑬ 점선대로 아래로 접어줍니다.

⑭ 다시 위쪽으로 점선 부분을 접어줍니다.

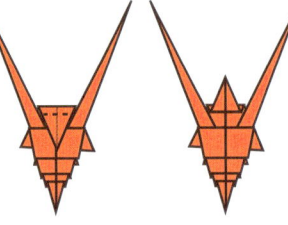

⑮ 뒤집어서 반으로 접어준 후 눈을 그려주면 완성!

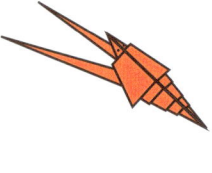

숨은 그림 찾기

우산, 촛불, 고추, 돛단배, 열쇠, 연필, 지팡이사탕

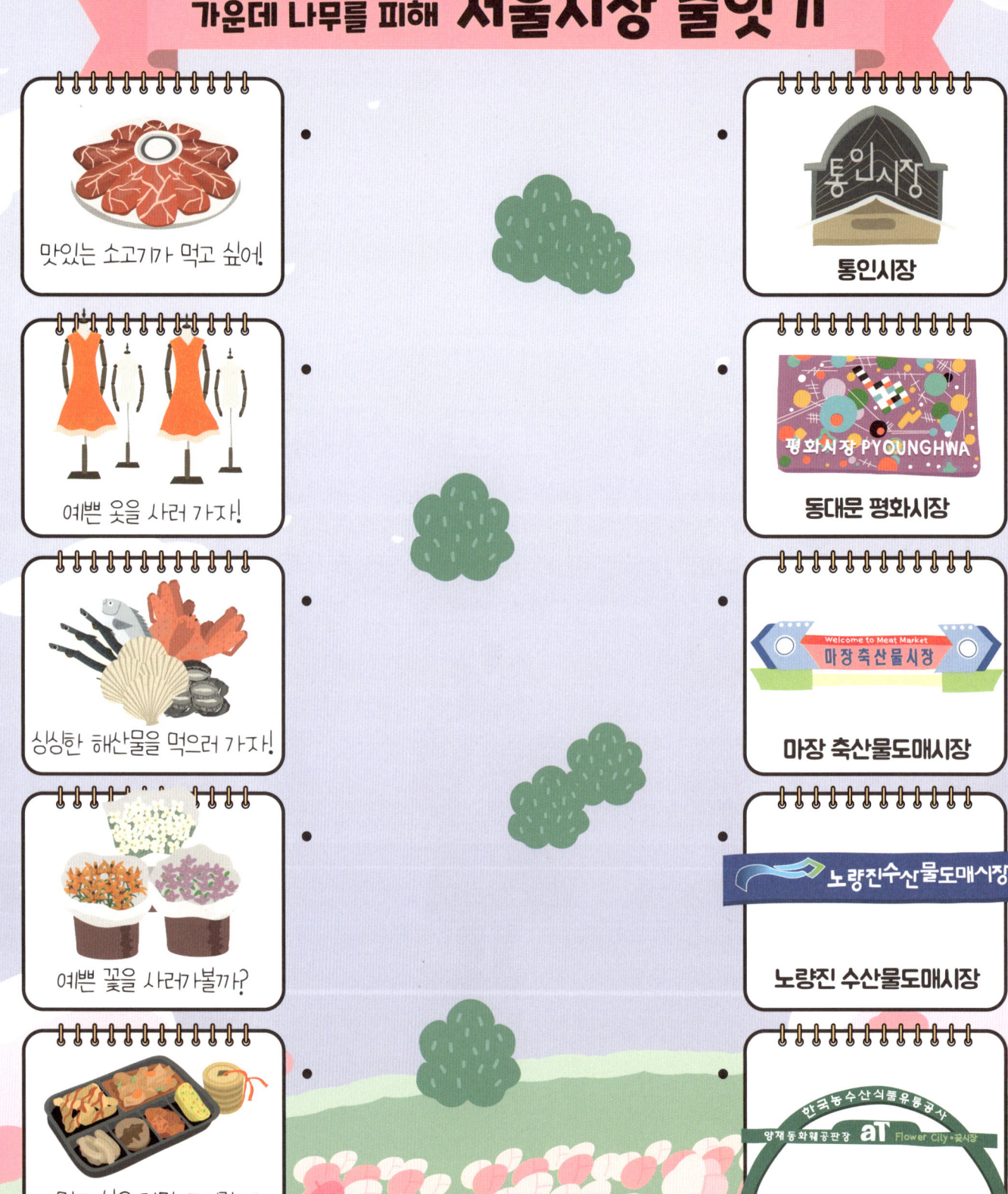

OX퀴즈로 풀어보는 서울

1. 서울은 오래전, 한양이라고 불리기도 했어요.

2. 서울에는 임금이 살던 궁궐이 없어요.

3. 종묘는 조선시대 왕과 왕비의 신주를 모신 사당이자, 나라의 제사를 지내는 곳이에요.

4. 마장동 시장은 약재를 파는 곳이에요.

5. 현충원은 나라를 위해 목숨을 바친 분들을 모신 국립묘지예요.

6. 한양도성을 따라 있던 4대문은 지금 하나도 남아있지 않아요.

7. 국회의사당이 있는 여의도는 오래전에는 비행장이었어요.

8. 대도시인 서울에는 산과 계곡이 전혀 없어요.

9. 조선시대 때 육조거리라 불린 세종로는 광화문 광장이 되었어요.

답 : 1-O, 2-X, 3-O, 4-X, 5-O, 6-X, 7-O, 8-X, 9-O

숭례문 현판 색칠하기

현장체험 학습 보고서에 잘라서 붙여보세요.

암사동 선사유적지

광화문

종묘제례

청와대 집무실

청와대

서울시청

서대문형무소

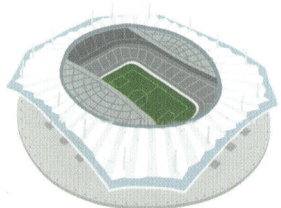
서울 월드컵경기장

잠실 올림픽경기장

남산 서울타워

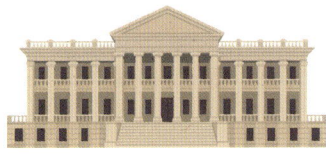
덕수궁 석조전

코엑스

동대문디자인플라자

남대문

동대문

종묘제례
최고의 품격으로 치르는 왕실 의례 절차를 말해요. 제사를 지내는 예법과 예절이 포함돼요.

광화문
광화문 광장에는 세종대왕과 이순신 장군 동상이 지키고 서 있어요.

암사동 선사유적지
기원전 5,000년을 전후한 선사시대 사람살이의 자취로, 우리나라의 대표적인 신석기시대 유적지예요. 가장 대표적인 유물은 빗살무늬토기예요.

서울시청
서울 시장님과 서울시 공무원들이 일하는 곳이에요.

국회의사당
국회의원들이 모여 국민들의 의견을 모으고 결정하는 곳이에요.

청와대
역대 대통령들이 머물며 일하던 곳이에요. '경무대'라고 불리다가 청색 기와지붕을 가졌다 하여 '청와대'라 불러요.

잠실 올림픽경기장
잠실에 위치한 경기장으로, 1988 서울 올림픽의 주 경기장 이었어요.

서울 월드컵경기장
상암에 위치한 경기장으로 2002 한일 월드컵의 주 경기장이었어요.

현충원
국가와 민족을 위해 목숨을 바친 분들이 잠들어 계신 국립묘지예요.

코엑스
수많은 박람회가 열리며, 수족관을 비롯해 서점, 도서관 등 다양한 문화시설이 있어요.

서울스카이
서울에서 가장 높은 건물로 123층으로 되어있어요. 360도 서울 전체를 볼 수 있어요.

남산 서울타워
원래 방송국의 종합 전파탑으로 건설되었는데, 지금은 전망대와 문화공간으로 더 유명해요.

동대문
보물 제1호. 서울 4대문, 4소문 중 유일하게 성문을 보호하기 위하여 큰 성문 밖에 원형으로 쌓은 작은 성이 남아 있어요.

남대문
국보 제1호로, 현재 서울에 남아 있는 목조 건물 중에 가장 오래되었어요.

동대문디자인플라자
다양한 전시와 공연이 열리고, LED 장미정원이 있어요.

현장체험 학습 보고서에 잘라서 붙여보세요.

경복궁

한국은행

보신각

문화역 서울 284 (구. 서울역)

광화문광장 이순신장군

광화문광장 세종대왕

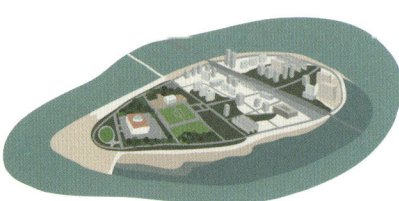
여의도

시티투어 버스

청계천 광장

광장시장

노량진수산물도매시장

남대문시장

작가님께 편지를 써보세요!

POST CARD

From.
_____
_____

POST OFFICE
SEOUL
ABC 1234

To.
작가님에게

#상상력놀이터 #안녕나는서울이야 #작가님에게

세종대왕

책을 읽고 궁금한 점, 느낀 점을 편지에 써서 SNS에 올려주시면 작가님께서 직접 답장을 보내드립니다.
*참여방법: SNS에 #상상력놀이터 #작가님께 #안녕나는서울이야(읽은 책의 제목) 해시태그로 올려주세요.

상상력놀이터에서 펴낸 즐거운 도서

어린이 여행 가이드북
안녕 나는 국내여행 시리즈

어린이를 위한 어린이 여행 가이드북!
〈안녕, 나는 제주도야〉를 비롯해 경주, 해외, 강원도, 서울, 강릉, 인천 등등 아이들의 시각으로 전해 줍니다. 안녕 나는 시리즈를 통해 나만의 진짜 여행을 즐겨보세요!

어린이 여행 가이드북
안녕 나는 해외여행 시리즈

이야기로 배우고 색칠하며 익히는 한국사 톡톡 1, 2

최근 가장 핫한 한국사 입문서! 컬러링과 스토리텔링으로 배우는 한국사 공부!
좌뇌와 우뇌를 자극하여 아이들이 재미있게 공부해요. 역사 체험 학습과 연계하면 좋아요.